LA SERVILITÉ

DE LA

MAGISTRATURE IMPÉRIALE

SOUS

le Despotisme de Napoléon-le-Petit

PAR VICTOR HUGO

— 1855 —

> Il importe à la gloire du Roi que nous soyons des hommes libres et non pas des esclaves ; la dignité de sa couronne se mesure par la qualité de ceux qui lui obéissent.
> OMER TALON, *Mémoire*, t. IV, 6, 127.

> Le magistrat, qui n'est pas un héros, n'est pas même un homme de bien.
> D'AGUESSEAU.

> *Et nunc erudimini, qui judicatis terram.*

Londres

JEFFS, LIBRAIRE-ÉDITEUR

Burlington-Arcade.

—

1871

Il a été tiré 30 exemplaires sur grand papier fort de Hollande.

La servilité de la magistrature impériale.

I

A Monsieur le Procureur-général près la Cour Impériale de Paris.

Monsieur le Procureur-général,

Dans la soirée du 2 décembre 1851, un homme se présenta à la porte de la caserne du quai d'Orsay, où étaient alors détenus, vous le savez, près de trois cents membres de l'Assemblée nationale; et, s'adressant à l'officier qui faisait fonctions de geôlier, il lui dit : Ouvrez-moi; je suis représentant du peuple; je viens partager le sort de mes collègues. Ouvrez-moi, monsieur, ajouta-t-il avec courage; ma place est ici à plus d'un titre; je ne suis pas seulement représentant du peuple; je suis PROFESSEUR DE DROIT.

M. Valette avait raison. Le geôlier lui-même le comprit. Peut-être eût-il laissé en liberté le représentant du peuple; la caserne était pleine; mais un professeur de droit, halte-là! vite en prison cet homme qui enseigne à la jeunesse l'amour des lois, les droits du citoyen, les devoirs du magistrat; et, ce soir, à la lueur des lanternes, qu'on le mène à Vincennes, dans la voiture des forçats!

Où étiez-vous, ce jour-là, Monsieur le Procureur-général? Que faisiez-vous? Que faisaient vos collègues du parquet? Quelqu'un de vous s'est-il aperçu qu'on pénétrait à main armée dans les maisons closes et paisibles, qu'on arrêtait sous leur toit les plus illustres citoyens, qu'on entassait les innocents dans les prisons? Quelles mesures avez-vous prises pour arrêter le cours de ces violences? Quels ordres avez-vous donnés? Vous êtes-vous croisé les bras devant un pareil spectacle? Qu'attendiez-vous pour agir! Que le sang eût coulé? Il a coulé à flots. Qu'avez-vous fait? Je sais que vous n'aviez pas, comme Bonaparte, prêté serment à la Constitution que l'on foulait aux pieds; mais enfin vous aviez, vous et vos collègues, prêté, comme magistrats, un autre serment, lequel vous obligeait à faire respecter l'inviolabilité de nos demeures, la liberté de nos personnes, la vie des passants, les lois les plus claires, les plus vulgaires, les plus anciennes, les plus sacrées, que l'on violait sous vos yeux en même temps que la Constitution. Comment, messieurs du parquet, avez-vous tenu ce ce serment-là? La clameur publique n'est-elle pas montée jusqu'à vous? Les membres de la cour de cassation, choisis par leurs collègues pour composer la Haute-cour, n'ont-ils pas répondu à cet appel? N'ont-ils pas, par un arrêt en bonne forme, décrété Bonaparte de haute trahison, ordonné des poursuites, convoqué le jury? N'ont-ils pas été deux fois dans la journée chassés de leurs siéges par les gendarmes? Vous êtes-vous opposés à cet attentat? Avez-vous protégé ces courageux vieillards, vos chefs et vos maîtres? Avez-vous seulement tenté d'épargner cet affront à la Justice? nous l'ignorons. Les gens de bien vous ont cherchés partout le 2 décembre et ne vous ont trouvés nulle part. Apprenez-nous donc, de grâce, où vous étiez et de quelle façon vous vous êtes comportés dans ce péril. Vous aviez le droit de décerner des mandats d'arrêt contre tous les coupables pris en flagrant délit; l'avez vous fait? vous aviez le droit de requérir à votre aide la force publique; l'avez-vous fait? vous aviez le droit de descendre dans la rue, revêtus de vos toges, et d'inviter tout venant à prêter main-forte à la loi; l'avez-vous fait? Ce n'était pas seulement votre droit; c'était votre devoir, messieurs, votre devoir le plus clair et le plus pressant, pour l'accomplissement duquel vous deviez risquer jusqu'à votre vie. Une telle conduite eût pu changer la face des choses. Et pourtant, si l'injustice eut triomphé, il vous restait un dernier devoir à remplir, dernier exemple à donner : c'était de déposer les insignes d'une magistrature désormais impuissante. L'avez-vous fait ?

Non, vous n'avez rien fait de ce que vous deviez faire; rien de ce que la loi vous commandait; rien de ce que l'honneur, a défaut de loi positive, vous conseillait. Vous n'avez agi ni en magistrats ni en bons citoyens. Vous vous êtes assis à l'écart pendant la lutte du droit contre la force; vous avez vu froidement le législateur et le juge renversés de leurs siéges; vous avez vu des conspirateurs et des repris de justice traîner de prison en prison les plus glorieux défenseurs de l'ordre, et vous avez détourné la tête ; vous n'avez osé prendre parti ni pour le mal ni pour le bien, et tant que la victoire a été incertaine, on n'a même pas su pour qui vous faisiez des vœux, si c'était pour les bons ou si c'était pour les méchants.

Le combat fini, les morts enterrés, la tribune ensevelie, la presse bâillonnée, la France terrifiée et silencieuse, vous avez enfin reparu. Pourquoi ? Pour protester contre cet abominable triomphe ? Pour que votre voix, qui, la veille, se fût peut-être perdue dans l'orage, fût mieux entendue au milieu du calme universel ? Pour dégager de tous les nuages et de toutes les passions qui avaient pu l'obscurcir pendant la bataille la sainte cause de la morale et du droit ? Pour montrer au peuple la puissance des institutions, et que des magistrats désarmés ont autant de courage et plus de force que la multitude en armes ? Non ! Vous avez reparu pour applaudir au vainqueur et insulter à tous les vaincus. Vous avez reparu pour vous lier par serment à ce parjure, à ce pervers, à ce violateur persévérant des lois divines et humaines.

Magistrats assis, magistrats debout, juges de première instance et juges d'appel, présidents, conseillers, procureurs généraux, substituts, savants et ignorants, jeunes et vieux, riches et pauvres, sans égard au passé, sans considération pour l'avenir, sans souci même du présent, vous avez à l'envi prêté tous les serments que l'usurpateur vous a demandés.

Cette alliance véritablement monstrueuse d'une magistrature que nous voudrions respecter, avec des scélérats que nous devons haïr, n'a été ratifiée ni dans le ciel ni sur la terre. Les effets naturels qu'on en pouvait attendre se manifestent chaque jour avec des caractères de plus en plus alarmants.

Juges politiques, la méfiance vous environne ; on ne croit plus à votre courage ; à peine croit-on à votre honnêteté.

Juges civils, la confiance publique se retire de vous ; ceux qui croient encore à votre probité, ne croient plus à votre puissance.

Juges des questions d'honneur, de bonne foi, de morale, prenez-y garde ; vous voila en train vous-mêmes de ruiner dans l'esprit des hommes les fondements de la morale, de la bonne foi et de l'honneur.

Ce sont là des vérités que j'oserais à peine énoncer si le mal était moindre et que le public l'ignorât. Mais ces vérités redoutables, tout le monde les voit, excepté vous, et le seul danger à craindre désormais, ce n'est pas qu'on dise ces choses, c'est qu'on ne vous les dise pas en face, et assez haut et assez clair pour vous forcer à les entendre.

II

De l'autorité de la magistrature en matière politique.

Messieurs les juges,

Vous avez, sous le premier empire, poursuivi les royalistes ; sous la Restauration vous poursuiviez les bonapartistes ; sous le gouvernement de Juillet, les légitimistes.

Que faites-vous aujourd'hui ? Vous punissez, pour être royalistes, des gens que vous-mêmes avez autrefois punis, parce qu'ils ne l'étaient pas. Vous punissez, pour n'être pas bonapartistes, des gens que vous-mêmes avez autrefois punis, parce qu'ils l'étaient.

Vous nous punissez de croire à la sainteté des lois traditionnelles ;

Vous nous punissez de croire à l'inviolabilité des contrats ;

Vous nous punissez de suivre les leçons que, depuis trente ans, nous puisons dans les écoles, dans vos propres livres, dans vos réquisitoires, dans vos arrêts ;

Vous nous punissez de marcher dans la route où vous nous avez conduits, et de refuser d'éteindre le flambeau que vous avez mis dans nos mains.

Vous punissez les uns, parce qu'ils ont changé, mais sans vouloir régler leurs changements sur les vôtres ; les autres, vous les punissez, parce qu'ils n'ont point changé.

Vous voulez qu'on tienne pour légitime le nouvel empire, et si, le prenant pour légitime, nous nous y attachons, un jour viendra où vous nous ferez un crime de notre attachement.

Mettez-vous un peu à notre place, messieurs les juges, et voyez combien il est mal aisé de rester homme de bien et d'échapper à vos condamnations.

S'endort-on libéral, il faut, sous peine de châtiment, se réveiller absolutiste. A vous autres, messieurs, il ne vous en coûte rien. Changer, vous est facile; punir, aussi. Et même changez-vous? Non, vous punissez toujours. C'est la loi qui change, dites-vous. Et qu'est-ce que la loi? Une feuille de papier où le maître du jour écrit ses ordres. Rien de plus.

Je m'en faisais, pour ma part, une idée plus haute et plus rassurante. Je voyais dans la loi un signe vénérable, proclamant l'ancienne victoire de la justice sur la force, la paisible domination du droit sur les passions rebelles; j'y voyais le nœud de l'association des familles, des cités, des provinces; l'appui faible, le refuge de l'innocent, le lien des forts. J'y voyais une expression humaine de la loi divine. Mais de même que Dieu est fidèle à ses propres décrets et ne trompe pas les hommes qui s'y fient, de même les magistrats et les conducteurs des nations devaient, je le croyais, observer les lois jurées, surtout les lois qui, au lieu d'émaner de leur pouvoir, servent de fondement à leur pouvoir. La loi, me disais-je (vous allez rire de mon ignorance, messieurs les juges, et dans le fait, j'en ai été bien puni), la loi est un précepte juste, promulgué par l'autorité légitime. Un précepte, fût-il juste en lui-même, ne peut être reçu pour loi, s'il est promulgué par un pouvoir usurpateur, sans quoi le premier venu aurait le droit de faire des lois, et toute notion d'autorité et de liberté disparaîtrait ici-bas; et la société, sous prétexte de justice, tomberait sous l'empire de la force. Un précepte injuste n'est pas une loi, fût-il promulgué par l'autorité légitime; à plus forte raison s'il est promulgué par une autorité usurpée. D'où il suit que la loi se compose de deux éléments qu'on ne peut séparer l'un de l'autre sans la détruire: premièrement la justice, qui est l'élément divin de la loi; secondement le droit du législateur, qui est le caractère extérieur de la loi, et la seule garantie de la liberté et de la dignité humaine. Telle est l'idée que je me faisais de la loi. Sur cette idée, j'apprenais à mon fils ce que mon père m'a appris : unir dans un même amour le roi et la liberté ; à les servir, à les défendre ; à mépriser les menteurs ; à déserter les conspirateurs... Malheureux que je suis ! J'ai risqué d'envoyer mon fils à Cayenne.

Quelle est, à votre avis, messieurs les juges, la moralité qui ressort de tous ces jugements ? Serait-il indiscret de vous le demander ? De grâce, que voulez-vous qu'on en pense ?

Voilà, de bon compte, quarante ans et plus que l'on vous voit prêter des serments à tout le monde, et varier dans vos jugements aussi bien que dans vos serments, affirmer le pour et le contre, souffler le chaud et le froid, emprisonner le soir vos amis du matin, si bien qu'à la fin on en est venu à se demander, non sans effroi, si la justice, dont vous êtes les ministres, n'a pas de principes certains, si c'est elle, en effet, qui trahit nos espérances ou si ce n'est pas vous qui trahissez vos devoirs.

Ce n'est pas qu'on ignore les raisons à l'ombre desquelles vous abritez votre inconstance. Mais elles ne touchent personne.

Que nous apprenez-vous, messieurs les juges ? Que vous ne faites pas les révolutions ? que, ne pouvant en prévenir l'éclat, vous tâchez d'en régler le cours et d'en tempérer les rigueurs, en restant fermes sur vos siéges ?

Il n'y a qu'un mot à vous répondre : cela était-il dans votre serment ? Avez-vous, par hasard, dit à Charles X ou à Louis-Philippe, lorsqu'ils vous ont tirés, la plupart d'entre vous, de l'obscurité pour vous élever en la place où vous êtes ; quelqu'un de vous leur a-t-il dit : je serai fidèle à votre personne, à votre dynastie, et à la loi fondamentale du royaume, tant que vous serez heureux. Pas un jour de plus. Dans la bonne fortune, comptez sur moi ; dans l'adversité, non. Il est de la dignité d'un magistrat d'être toujours parmi les vainqueurs.

Avez-vous dit cela à Louis-Philippe ? L'avez-vous dit à Charles X ? Non ! vous ne l'auriez pas osé. Jugez-vous donc vous-mêmes. Ce que vous n'auriez pas osé dire, vous l'avez fait.

Mais, vous avez d'autres excuses.

Voyez, dites-vous, le clergé ! Voyez l'armée !

Le clergé, messieurs les juges, a vu avec douleur quelques-uns de ses chefs chanceler *dans la droite voie,* et, selon la prière qu'il fait tous les jours à l'autel, il a, en général, *séparé sa cause d'avec les impies, et sa vie d'avec les hommes de sang, qui ont les mains remplies d'injustices et la droite pleine de présents.* Et, d'ailleurs, le clergé n'a pas reçu des rois ni d'aucun pouvoir temporel la mission qu'il remplit. Il n'a jamais lié sa foi aux puissances mondaines, et les sentences qu'il rend au saint tribunal ne se ressentent pas, comme les vôtres, du caprice des révolutions. Il n'est ni l'interprète ni le gardien des lois humaines ; il porte dans ses mains la loi divine, et, si, par ruse ou par violence, quelqu'un tentait d'en altérer ou le texte ou l'esprit, vous entendriez la voix des docteurs protester contre la ruse ; vous verriez couler le sang des martyrs. Prêtres de la justice humaine, où sont les blessures de vos martyrs ? Gardiens de nos lois, vous avez laissé violer dans vos mains le dépôt qui vous était confié. Hélas ! vous avez fait pis encore : vous avez baisé la main du profanateur que vous deviez livrer aux gendarmes.

Quant à l'armée, Dieu lui pardonne ! Elle a compris trop tard le mal qu'elle a fait. Elle est instituée, non pour délibérer, mais pour obéir ; vous, messieurs, vous n'obéissez à personne et vous délibérez toujours. Où la discipline militaire périrait, la justice puise la vie. Et cependant Bonaparte se méfiait de l'armée, et non de vous. Il lui enlevait, pendant la nuit, ses chefs les plus illustres ; vous, messieurs, il vous laissait tous dormir tranquilles. Il avait acheté des généraux pour leur donner le commandement suprême. Il n'avait pas, nous aimons à le croire, acheté les procureurs généraux, ni les premiers présidents. Quant aux soldats, cela est vrai, on ne les a pas marchandés ; on ne l'eût pas osé ; qu'a-t-on fait? On les a tenus sur pied toute une semaine, nuit et jour en alerte, et le 2 décembre, profitant de leurs fatigues et de leurs insomnies, on leur a offert du vin pour les enivrer. Mais, vous, quel vin vous a-t-on fait boire ?

Ah ! n'invoquez plus l'exemple de l'armée. Tout ce qui, dans cette rencontre, parle pour elle, parle, et plus haut encore, contre vous.

Reste à examiner la prétention que vous affichez, d'avoir, en reparaissant sur vos siéges après chaque tempête, fait œuvre de patriotisme. Pour la première fois, messieurs les juges, l'on pouvait vous en croire. Pour la seconde, passe encore ! Mais tant de fois en si peu d'années, mais à tout coup, mais quelle que soit la cause qui succombe, mais quelle que soit la cause qui triomphe et de quelque façon qu'elle triomphe, non, messieurs, non, cela sort des bornes. Il y a des scrupules de conscience, il y a une délicatesse morale, il y a une certaine chasteté d'âme dont on ne doit l'immolation à personne, pas même à son pays. C'est dégrader une nation, et non la servir, que d'éteindre en elle ce sentiment des bienséances; c'est compromettre la justice, et non la raffermir, que d'abaisser le caractère des magistrats, qui est une des forces de la justice.

On vous eût, dites-vous, difficilement remplacés ? Votre abdication eût embarrassé le nouveau pouvoir ? Elle eût nui à la marche des affaires ? Raison de plus pour vous retirer. Est-ce, par hasard, la fin de votre état de venir en aide aux révolutions, de les rendre douces et faciles, aussi commodes que possible aux orgueilleux qui les font et aux fous qui les laissent faire ? Vous avez été établis pour leur servir de barrière, et non pas de ressort. Votre retraite eût été un mal, j'en conviens, mais un mal salutaire, amplement compensé par le consolant et vivifiant exemple de votre mépris pour des honneurs que l'honneur n'accompagne pas. Oui, l'intérêt public que vous alléguez exigeait de vous un sacrifice; c'était le sacrifice de vos emplois, mais non celui de vos principes. Vous avez, tout au rebours, abandonné vos principes pour garder vos emplois, et vous nous avez donné le plus funeste des spectacles, celui d'une effrayante mobilité d'esprit dans une magistrature inamovible. De telle sorte que, la société, trouvant la faiblesse où elle devait trouver la force, s'abandonne sans combattre au premier assaillant. Il suffit qu'une poignée de malfaiteurs s'emparent du pouvoir, pendant notre sommeil, à l'instant même tous les coquins se lèvent pour leur prêter main-forte; mais pas un honnête homme ne bouge. On se dit : les magistrats sont là ! Que font-ils ? Ils prêtent serment, et tout à l'heure ils vont nous traiter en rebelles.

Et puis l'on s'étonne des révolutions ! On en cherche la cause ; on s'en prend à la tribune, aux journaux, aux livres, à tout ce qu'il nous restait de garanties, de force vive, de vie intellectuelle, de puissance morale. Bonaparte se charge avec M. Troplong de relever ce qu'ils appellent le principe d'autorité. Ils traitent les Français comme on traite les coqs dans le Maine ; ils leur crèvent les yeux, les chaponnent et les engraissent. Ils leur ôtent, avec la vue, la vigueur, la fierté, le courage, ne leur laissent que l'appétit et le moyen de le satisfaire. Il importe, disent-ils, au bien de l'État, que chacun vive pour son ventre. Vie exempte de soucis, douce et commode, surtout pour les gouvernants que personne ne surveille, et qui, seuls, ont des yeux. Gratter la terre, amasser des provisions, voilà la destinée qu'on nous fait ; moyennant quoi, dit-on, plus de révolutions.

Misérables sophistes ! mais les révolutions, c'est vous, c'est vous seuls qui les faites. Vous découragez les gens de cœur ; vous encouragez les audacieux. Implacables pour les défenseurs du droit violé, vous vous prosternez devant la force encore hébétée de son triomphe.

Après nous avoir, durant un demi-siècle, prêché, par votre conduite, l'indifférence en matière de droit politique, vous venez aujourd'hui, pour couronner l'œuvre, nous prêcher le matérialisme. Il semble, messieurs les juges, que l'inamovibilité ne vous ait été donnée qu'à votre profit, et sans charge ; uniquement pour vous mettre, vous et non pas nous, vos familles et non les nôtres, à l'abri des tourmentes qui renversent les palais et les chaumes ; non pour défendre la loi avec sécurité, envers et contre tous, mais pour la trahir avec impunité.

Il n'en sera pas ainsi. Vous citer ici-bas devant un tribunal quelconque serait un crime. Aucune loi dans nos codes n'a prévu ces défaillances de caractère, cet obscurcissement des âmes. Cela n'est pas du domaine de la loi. Cela est du domaine de la conscience. Nous jugeons en nous-mêmes ceux qui nous jugent, et c'est la seule peine que nous leur infligeons. Elle vaut bien les vôtres.

Qu'est ce que cette magistrature adultère qui se donne à tous les passants, ne se refuse à personne, qui ne connaît ni le frein de la raison, ni les obligations du cœur, ni les ménagements de la pudeur; qui passe, comme Hélène, dans les bras de tous les ravisseurs, qui a des sourires, des révérences, des louanges, des serments, pour quiconque a la clef du trésor, et des rigueurs pour les amis restés fidèles à tous ceux qu'elle a trahis !

Ah ! c'est nous que l'on condamne ! ah ! c'est vous qui nous condamnez ! Mais au moins, messieurs, faites comme les francs juges ; prenez des masques. Puisque la peur remplace aujourd'hui le respect, prenez des masques ; cela sera peut-être plus terrible ; cela sera certainement plus moral.

On vous connaît, monsieur le conseiller; Charles X qui avait reçu votre serment, n'était pas encore à Cherbourg; on vous a vu au Palais-Royal. Prenez un masque.

On vous connaît, monsieur le président; la barque qui emportait Louis-Philippe, votre bienfaiteur et votre ami, n'avait pas encore trouvé un port, on vous a vu à l'hôtel de ville. Prenez un masque.

On vous connaît, monsieur le procureur général ; monsieur l'avocat général, on vous connaît. Vous, on vous a vu sur les barricades de 1830; vous, on vous a vu aux genoux de M. Crémieux. Prenez des masques. Prenez-en tous. On a lu vos dossiers à la Chancellerie.

Masquez-vous, messieurs, et condamnez-nous sans mot dire. Taisez-vous, monsieur Chegaray; silence, monsieur Delangle; monsieur de Royer et monsieur Plougoulm, taisez-vous ! Ce n'est pas à vous qu'il appartient d'enseigner à personne le désintéressement, la droiture, l'honnêteté, aucune des vertus qui font le bon citoyen. Taisez-vous !

III.

De l'autorité de la magistrature en matières civiles.

J'ai vu, errants sur la terre d'exil, quelques-uns de vos collègues, messieurs les juges. Ils siégeaient naguère près de vous, se croyaient inamovibles comme vous, et les voilà expulsés de leurs sièges et même de leurs foyers, sans aucune forme de procès. J'ai vu s'asseoir à leur place des membres des commissions mixtes. Le proscripteur a endossé la toge du proscrit. Vous l'avez souffert. Vous avez laissé partir les anciens collègues, et les nouveaux, vous ne les avez pas repoussés.

Ainsi se recrute aujourd'hui la magistrature, parmi des gens qui devraient figurer sur la sellette. Ce sont là les arbitres de notre liberté et de nos biens.

A côté de ces juges pusillanimes, à qui le cœur manque, lorsqu'il faut défendre notre droit politique, on met des juges audacieux, toujours prêts à violer même nos droits civils. A côté des sceptiques, des méchants. Ce sont vos collègues, messieurs ; faites-leur place. Faites-leur place, ce sont vos successeurs. Ils sont nombreux ; ils ont besoin d'argent. Ils sont souples ; ils sont impudents ; ils ont tous quelque bassesse ou quelque méfait sur la conscience. Allons, hâtez-vous, faites-leur place. On ne peut pas, cependant, vous exiler tous. Et comment faire pour contenter ces appétits ? Comment faire pour récompenser ces services ? Pour avoir enfin une magistrature que personne n'estime et que tout le monde craigne, une magistrature à l'image de l'empereur, comment faire ?

Comment ! On fait une loi. Par cette loi, on se réserve la faculté de briser la carrière des magistrats lorsqu'ils auront atteint un certain âge. On ne sera point forcé de les congédier tous à cet âge ; on sera maître de choisir entre eux, de laisser celui-ci en fonction et de condamner celui-là à la retraite. Ce n'est pas une loi inflexible qu'on a voulu faire ; c'est plutôt une loi contre les caractères inflexibles ; loi pleine de souplesse, qui promet d'épargner tout ce qui sera souple. Des infirmités dont on se réserve le droit exclusif d'apprécier la nature et la gravité serviront de prétexte aux évictions, et l'on verra des magistrats goutteux monter jusqu'aux sommets de la hiérarchie, appuyés sur leurs béquilles, tandis que d'autres magistrats du même âge, mais tout plein de vigueur, seront mis à la réforme. Il n'y a dans tout cela ni équité ni bon sens. Qu'importe ! C'est bien d'équité qu'il s'agit !

Jusqu'à présent, l'inamovibilité des magistrats avait été considérée comme une des garanties du justiciable. La vieillesse du magistrat était, dans ces conditions d'inamovibilité, une garantie de plus. Comment se méfier de cet homme qui a blanchi dans le sanctuaire, qui ne doit compte qu'à Dieu de l'usage qu'il fait de son pouvoir, et qui va bientôt paraître devant Dieu ! Ce n'est pas l'innocence qui le répudiera. Non ! Mais Bonaparte le répudie. Allez-vous-en, bonhomme. Nous n'avons que faire de votre expérience. Allez-vous-en, votre indépendance nous gêne !

Voilà l'esprit de la loi nouvelle. Désormais, quand le juge vieillit, au lieu d'appartenir plus exclusivement à Dieu, il tombe dans une dépendance plus étroite des hommes. Sa situation, au lieu de s'affermir, devient précaire. Grâce à cette loi monstrueuse, à mesure que l'âge augmente, la tranquillité d'esprit diminue ; quand l'expérience arrive, l'indépendance s'en va. Ils ont rendu, les malheureux ! la vieillesse suspecte. Ils vont, par leur abominable loi, réveiller dans le cœur du vieillard les ambitions de la jeunesse, ses inquiétudes, ses passions. Il faut que la flatterie abaisse à leurs pieds les juges déjà courbés sous le poids de l'âge. Ah ! vieillards, vous ne voulez pas mourir ? Eh bien ! l'on vous dépouillera tout vivants. Ah ! vous ne voulez pas descendre de vos siéges ? Eh bien ! l'on vous en chassera, ou l'on vous forcera à déshonorer vos cheveux blancs.

Résumons, messieurs, ce qui précède : Des juges proscrits, on ne sait pourquoi. Des juges mis à la retraite malgré eux. Des juges incertains de leur avenir, craignant les ministres, cherchant des protecteurs. Des juges sans foi politique et sans courage, qui se lavent les mains avec Pilate, pendant qu'on fait le mal à côté d'eux. Des juges comme Caïphe, ardents complices de l'iniquité. Tel est l'aspect sous lequel s'offre à nous la magistrature impériale.

Sous une pareille magistrature, sous un gouvernement qui l'a réduite à ce pitoyable état, que vont devenir nos intérêts civils ?

Laissez-moi, messieurs, vous retracer des faits.

Vous vous rappelez les décrets du 22 janvier ? On s'empare de l'héritage des princes d'Orléans ; puis on divise ces dépouilles. La part du prince de Joinville, on l'offre aux marins ; la part du duc de Nemours et du duc d'Aumale sera pour les soldats ; la part des veuves et des orphelins, on la réserve au clergé. Tant pour les gros bonnets de la finance, prêteurs du crédit foncier. Pour le menu peuple, tant. On lui bâtira des logements ; on lui promet des rentes. On réalise les menaces du mauvais socialisme.

M. le jurisconsulte Troplong, nommé par Louis-Philippe conseiller à la Cour de cassation, élevé par le général Cavaignac à la présidence de la Cour d'appel de Paris, et qui est, sans doute, un autre personnage que Son Excellence Mgr Troplong, président du Sénat, avait flétri d'avance ces décrets, quand il écrivait ces paroles prophétiques : « Vous faites comme Sylla et César, qui prenaient
« à leurs ennemis pour donner à leurs amis. Vous dé-
« truisez le plus solide rempart de la société, l'héritage
« propre et privé ; vous corrompez la bienfaisance, et
« vous commettez un crime, au lieu de faire une bonne
« action. La libéralité sans la justice n'est pas la bienfai-
« sance. »

A la vue de ces décrets cyniques, qui renferment deux crimes à la fois, le vol et la corruption, M. le procureur général Dupin dépose enfin sa démission, déclarant qu'il ne peut plus, en conscience, concourir à l'administration de la justice, sous un gouvernement qui n'en connaît pas les principes les plus élémentaires ; que la confiscation d'un patrimoine, par coup d'autorité, est un acte contraire au *droit civil* et au *droit privé*, à l'*équité naturelle* et à toutes les *notions chrétiennes du juste et de l'injuste*.

On laisse dire M. Dupin.

Le tribunal de première instance est saisi de la question, et, nonobstant le préfet de la Seine qui décline, au nom de l'État, sa compétence, il déclare, l'œil fixé sur ces iniques décrets :

« Que les tribunaux ordinaires sont exclusivement compétents pour statuer sur les questions de propriété, de validité de contrats, de prescription ; que ce principe a toujours été appliqué aussi bien à l'égard de l'État qu'à l'égard des particuliers. »

On se moque de la sentence du tribunal. Les juges restent sur leurs siéges. Il y aurait, sur cet événement, d'autres remarques à faire, également instructives. L'espace et le temps me manquent. J'aborde un autre fait.

Au mois de février 1853, une jeune femme, parente de vos maîtres, est expulsée du territoire. On lui dit qu'elle n'est pas Française, et on prétend lui appliquer la loi relative aux étrangers. Elle s'adresse à vous; vous recevez sa plainte. Il s'agit d'une question de naturalité que la loi a remise dans vos mains. Cependant le substitut du procureur impérial, un nommé Moignon, se lève et vous dit, à la face du barreau et du public : « Si vous méconnaissez la validité de l'acte d'expulsion (d'un acte fondé sur une attribution d'origine encore en litige), ON MÉCONNAITRA VOTRE JUGEMENT. »

M. Moignon ne dit pas : Nous nous pourvoirons devant un tribunal supérieur. Non, il dit brutalement, grossièrement, à un tribunal réguller : « On méconnaîtra votre jugement. » Jugez, messieurs, si bon vous semble. C'est comme si vous chantiez.

Les juges souffrent ce langage. Pourquoi non ? Ils souffrent bien les actes.

Passons à d'autres faits.

La loi nous oblige, sous peine d'amende, à confier nos lettres à la poste. Mais elle nous promet que le secret en sera respecté. Point du tout. Nos lettres nous arrivent sous des cachets contrefaits à la poste, et quelquefois tout ouvertes. On n'a même pas daigné prendre la peine de chercher à nous tromper. Il en résulte que les gens de bien se voient, à regret, obligés de frauder la loi et de prendre des détours pour écrire à leurs femmes et à leurs proches. Ce n'est pas assez que la police épie nos actions et suive nos pas, elle veut scruter nos pensées jusqu'en leur plus inviolable asile. Elle a l'œil ouvert sur nos correspondances, se met en tiers dans les secrets du commerçant; dans les confidences de la mère et de la fille, de l'époux et de l'épouse, du frère et de la sœur. Le tribunal, enfin, consulté là-dessus, répond : C'est bien ! C'est bien, dit la Cour d'appel. La Cour de cassation indignée, dit : C'est très-mal. Mais qu'importe l'arrêt de la Cour de cassation ! Nos lettres sont toujours ouvertes.

J'arrive à des injustices d'un autre ordre, qui se sont commises, qui se commettent chaque jour devant vous, messieurs les juges, et dont vous n'avez pas l'air de vous apercevoir.

Parmi les principes de 89, consacrés au moins pour la forme par la Constitution actuelle, un des plus essentiels, vous me l'accorderez, est la liberté des vocations. Tout homme a le droit de choisir sa profession, et tout homme exerce, sous la protection des lois, la profession qu'il a choisie. Si ce principe peut souffrir quelque limitation, c'est uniquement à l'entrée de la carrière, quand la loi y a mis certaines conditions. Mais une fois qu'un homme est en possession d'un état, d'un métier, d'une industrie, d'un commerce; quand il a fondé un établissement, ou qu'il l'a acheté, ou qu'il en a hérité, et qu'il l'a fécondé par son travail, l'en dépouiller sans jugement et sans indemnité est un crime. Ce n'est plus seulement une atteinte grave à la liberté de l'industrie et du commerce; c'est encore une atteinte au droit de propriété.

Ce crime, cependant, se renouvelle chaque jour à l'égard d'une profession qui nourrit plus de cinquante mille familles. Je veux parler des aubergistes, hôteliers, etc. Cet état n'est plus assuré dans les mains de ceux-là même qui l'exercent le plus honnêtement du monde, et peut-être de père en fils, depuis plusieurs générations. Patrimoine héréditaire ou création du travail et de l'économie, ces établissements ne sont plus considérés comme une des formes naturelles de la propriété, et la loi ne les couvre plus. Un préfet décide, au fond de son cabinet, qu'un établissement ancien et paisible sera fermé : on le ferme. Pas d'autre forme de procès; d'indemnité, point.

Les études d'avoués et de notaires sont traitées comme des auberges.

On n'ose pas encore toucher au champ du laboureur. Cela viendra. En attendant, on met la moisson sous le séquestre. Les préfets dénoncent à la populace comme accapareurs les marchands de grains. Le commissaire cantonnal ou le garde-champêtre dit à un fermier : tu ne vendras pas ton blé; et à un autre : tu ne couperas pas ton blé. Tu le laisseras, s'il le faut, pourrir sur pied en attendant mes ordres.

Et le *Moniteur* enregistre ces actes.

Passons.

S'il y a une liberté plus sacrée que celle du commerce, c'est la liberté du travail. Et qu'est-ce que la liberté du travail? C'est le droit reconnu et garanti à l'ouvrier d'offrir ses bras à qui bon lui semble, de porter son activité où bon lui semble, de n'être lié à aucune personne, à aucun lieu, à aucun métier, que par des engagements librement consentis, et pendant la durée de ces engagements; de quitter, à ses risques et périls, sa résidence, de tenter des voies nouvelles, de chercher le travail là où il croit, à tort ou à raison, que le travail est plus fécond et plus libéralement récompensé. De toutes les libertés naturelles, de toutes les libertés civiles, voilà je répète, la plus sainte. Eh bien! on la viole tous les jours. A quelle occasion? Il faut le dire.

On embrigade à Paris une armée d'ouvriers que l'on nourrit, vous le savez, au depens du trésor public, et en pressurant les campagnes. Nombre d'entre eux sont logés gratuitement à la préfecture de police ou dans d'autres bâtiments de l'État. On contient l'indignation des classes riches et éclairées par la peur qu'on leur fait de ces ouvriers, et en même temps, on contient ces ouvriers par la peur qu'on leur fait des soldats. Les soldats, on les contient par la flatterie, les rubans, les médailles qu'on frappe avec l'argent volé, les spectacles du cirque, l'ivresse du tabac à bon marché, quelquefois l'ivresse du vin.

Cependant il y a en province des ouvriers qui voudraient venir à Paris tenter fortune. On leur refuse des passeports, je ne dis pas à tous, mais à un très-grand nombre; à qui l'on veut d'ailleurs. D'une part, on attire les ouvriers dans la capitale par la vue de cette abondance factice qui y règne pour notre ruine; d'autre part, de peur d'être débordé par le flot, on les retient arbitrairement et de force dans les autres villes. Le privilége des uns se change en servage pour les autres.

Allons plus loin, messieurs les Juges.

La liberté de circulation, la liberté d'aller et de venir, ce premier indice, ce premier rudiment de la liberté des personnes, n'est pas plus respectée à l'égard des riches qu'à l'égard des pauvres, et des commerçants que des ouvriers. Il faut des protections pour avoir un passeport, et n'en a pas qui veut. Tel qui en trouverait, les dédaigne et s'en passe.

Qu'on vous interdise un voyage, qu'on vous interdise

une résidence, cela est énorme sans doute. Mais aujourd'hui, c'est peu de chose. On s'y accoutume. Après tout, on vous laisse au sein de votre famille. Ce qui est plus grave c'est qu'on vous chasse de vos foyers et qu'on vous assigne une résidence à vingt, trente, cinquante, cent lieues de vos affaires et de vos amis.

Cela s'appelle interner les gens. On interne qui l'on veut, quand on veut. Cela ne souffre aucune difficulté. C'est une pratique journalière. On ne se contente pas d'interner, on exile, on déporte, sans jugement, sans bruit. Il y a même des gens qui disparaissent sans qu'on sache ce qu'ils deviennent. Au moins, si l'on avait la certitude qu'ils sont à Cayenne, ce serait presque une consolation. On voit, un matin, une boutique qui ne s'ouvre pas aux chalands comme à l'ordinaire. Où est le maître de ce logis? Il a été, pendant la nuit, arraché de son lit et conduit on ne sait où. Les semaines, les mois s'écoulent; point de nouvelles. Bientôt un écriteau flotte sur la maison : *Boutique à louer*. Tout est dit; tout est oublié. Voisin, taisez-vous. Ce n'est rien; ce n'est qu'un homme de moins.

Cependant, des rumeurs étranges circulent dans la ville. Écoutez! On parle de prisonniers qu'on assassine, de soldats qu'on fusille dans les ténèbres. Est-ce vrai? Est-ce faux? Pas un journal ne se hasarderait à faire cette question. Pas un député ne l'oserait; la Constitution le leur défend! Mais les sénateurs? Oh! les sénateurs, ils ne sont pas curieux. C'est une de leurs vertus.

Et la justice se tait? Nous serions trop heureux qu'elle se tût. Non, elle punit ceux qui se plaignent. Et de même que nous n'avons qu'une ombre de liberté, nous n'avons aussi qu'une ombre de justice. Le fait est si clair, on en a tellement conscience que, dans les cas les plus graves, on ne s'adresse plus à vous, messieurs les juges. Un homme se laisse prendre, interner, emprisonner, exiler, déporter sans réclamer votre secours. L'idée ne lui vient pas, comme au meunier de Sans-Souci, qu'il y a des juges à la ville. Les opprimés ont oublié votre existence.

Ne me dites pas que les faits dont je parle se rapportent à la politique, et que les hommes dont je parle ont commis des délits politiques. Comment le savez-vous? Et qu'est-ce qui n'est pas aujourd'hui du domaine de la politique? Qu'est ce qui est du domaine de la justice? Nul ne le sait, pas même vous. On prend mon bien? c'est de la politique; on me ravit mon industrie, c'est de la politique? on ouvre mes lettres? c'est de la politique? on m'empêche d'aller où mes affaires m'appellent? c'est de la politique? on me contraint d'aller où mon intérêt me le défend? c'est de la politique; on me refuse des juges? c'est de la politique; on méconnait l'autorité de la chose jugée? c'est encore de la politique. Mais où finira donc la politique et où commencera la justice?

Ne me dites pas que la société se plaît à ce régime; vous la calomniez!

Il y a sans doute quelques ladres qui, tant qu'on n'opprime qu'autrui, ne se sentent pas opprimés. Il y a aussi des gens qui travaillent, trafiquent, bâtissent, et qui, parce qu'on laisse faire, s'imaginent qu'ils sont libres. Il semble qu'il aient fait un pacte avec l'arbitraire, et ils s'y fient. Mais nous savons, pour la plupart, que notre sécurité ne dépend plus désormais de la droiture de notre vie, et l'amer sentiment de la servitude est au fond de nos cœurs. Que nous font ces rues qu'on renverse et qu'on rebâtit? C'était un des passe-temps de Néron. Que nous font ces chemins de fer, ces docks, ce palais de cristal, ces revues et ces fêtes? Nous vous redemandons nos droits civils anéantis. Quand la liberté individuelle n'est pas mieux gardée, qu'est-ce que tout le reste? N'est-elle pas la racine et le tronc commun de toutes les libertés civiles? C'est elle qui les engendre, et les soutient, et les nourrit de sa sève. La propriété, l'industrie, le commerce, dont la prospérité vous abuse, ressemblent à des branches qui fleurissent sous un arbre qu'on est en train de couper.

Et pourtant nous avons des lois qui nous permettent ce qu'on nous interdit, qui interdisent ce qu'on permet à notre égard. Mais à quoi bon? Le crime du 2 décembre vous a frappés de cécité. Depuis ce jour, messieurs les juges, vous êtes parmi nous comme les juifs, porteurs d'une lumière qui ne vous éclaire pas, d'un livre que vous n'entendez plus.

Avant 89, notre législation, encore empreinte, en maint endroit, du sceau féodal, pouvait se prêter à des actes d'oppression. Mais la magistrature ne s'y prêtait pas. Elle ne reconnaissait pas d'autorité qui fût, dans son domaine, supérieure ou égale à la sienne. Vos prédécesseurs rendaient la justice au nom des rois, et sur leurs siéges c'était véritablement eux qui étaient les rois. La puissance exécutive s'inclinait devant la leur. Le législateur ne pouvait pas changer un iota à leurs arrêts, et eux-mêmes, au contraire, ils participaient, dans une certaine mesure, à la puissance du législateur, soit en éclairant les textes obscurs, soit en les corrigeant par la sagesse de leur jurisprudence. Leur sollicitude s'étendait sur tous les opprimés et leur pouvoir était au niveau de leur sollicitude. En quelque lieu que se réfugiât le coupable, ils avaient le bras assez long pour l'atteindre.

Voyez, messieurs, la différence des temps ! Nous avons aujourd'hui des lois civiles qui ne se prêtent pas à l'oppression, et des gens de robe qui s'y prêtent. La justice est écrite dans nos codes ; elle s'est effacée de vos cœurs. Nous avons d'admirables lois ; nous n'avons plus de magistrats. Vous avez la toge des L'Hôspital, des Molé, des Talon, des d'Aguesseau, des Servan, des Dupaty ; vous n'avez plus ni leur esprit, ni leur courage, ni leur pouvoir. Ce pouvoir tutélaire, que la Restauration vous avait rendu, que le gouvernement de 1830 avait respecté, vous pouviez le transmettre intact à vos successeurs, et vous l'avez laissé amoindrir et avilir. C'est en vain qu'on vous signale les coupables ; vous ne les frappez pas ; c'est en vain qu'on vous montre des persécutés, vous ne les couvrez pas. Vous n'êtes plus les juges de l'iniquité, vous en êtes les témoins. Vous n'exercez plus dans l'État que des fonctions subalternes ; la police a le pas sur vous.

Voilà le terme de vos apostasies. Les premières n'avaient abaissé que vous-mêmes ; la dernière a rabaissé votre institution.

IV

De l'autorité de la Magistrature dans les questions morales.

Voici notre dernier grief, messieurs les juges, et c'est le plus grave. Votre pacte avec Bonaparte vous conduit à ruiner dans l'esprit des hommes les principes de la morale publique et privée, le respect des lois, la bonne foi.

Les preuves abondent sur tous les points de la France. Une seule nous suffira, le réquisitoire de M. Rouland dans l'affaire Planhol et *consorts*. Je ne m'en prends pas, vous le voyez, à quelque obscur substitut que vous taxeriez peut-être d'ignorance ou d'excès de zèle ; je m'en prend au chef du parquet de la première Cour de l'empire. Et je ne lui reproche pas d'avoir, dans ce procès, basé une grave accusation sur des preuves que la loi réprouve ; d'avoir pour quelques épigrammes que tout le monde sait par cœur, tenté d'embarquer de nobles jeunes gens sur la route de Cayenne ; d'avoir reconnu à la police des droits odieux qu'elle s'arroge, d'ailleurs, sans votre agrément. Qu'est-ce que tout cela ? Une fausse et captieuse interprétation de la loi. Or, je reproche à M. le procureur-général d'avoir, en ce même discours, professé le mépris des lois, des lois humaines, des lois divines.

Il a, sous la pourpre et l'hermine, glorifié le triomphe de la force brutale sur les lois établies ; il a, sur le siège même de d'Aguesseau, dans l'exercice de son sacerdoce, et, pour ainsi dire, sur l'autel, glorifié la trahison des serments les plus solennels. Vous l'avez entendu, messieurs les juges, et plût à Dieu que vous eussiez, en ce moment-là, ordonné le huis-clos ! Vous avez entendu Monsieur le procureur-général vanter l'usurpation, non-seulement l'usurpation du 2 décembre, mais toutes les usurpations anciennes et modernes. Il fouille les annales de l'Angleterre, de la Russie, de l'Espagne ; partout où il trouve un crime, sa joie éclate ; il s'en va chercher à tâtons jusques dans la nuit des âges, et à défaut de crime véritable, l'apparence du crime le contente. Il confond les hommes qui fondent les nations avec ceux qui les perdent ; les temps où le droit commence à remplacer la force, avec les temps où la force prend la place du droit. C'est une si belle chose que le renversement des lois, qu'il voudrait voir des usurpateurs partout, et qu'il a l'air de prendre en pitié toute puissance consacrée par le temps. O lois ! ô coutumes ! Traditions vénérées, souvenirs des aïeux, sainte alliance des générations entre elles, bienfaits, reconnaissance, sources mystiques de l'autorité, gages sacrés de la liberté et de la paix, vous n'êtes plus que de vains titres! La royauté appartient de plein droit à ceux qui la ravissent; c'est une proie offerte aux audacieux. Que rien ne les retienne; non! rien, pas même la foi du serment.

Dans le fait, si, par hasard, Bonaparte eût été fidèle à sa parole, nous étions tous perdus, messieurs les juges. Croyez-en le procureur-général. Sans le parjure, point de salut. L'Église, que Dieu soutient, s'écroulait. La Justice, que protége le respect public, l'intérêt public, la force publique, disparaissait. Sans le parjure, la propriété n'avait plus de défenseurs; la patrie, plus de remparts. Sans le parjure, l'armée française n'avait plus de courage. La foi du serment, c'est ce qui nous perdait. Cela ôtait tout prestige à l'autorité. Vive le parjure! gloire à l'arbitraire! paix à la trahison! Ah! c'est cela qui relève les Peuples, remplit d'enthousiasme les soldats, raffermit les magistrats troublés, rend l'obéissance facile et le pouvoir vénérable.

Vous l'avez entendu, messieurs les juges. Voilà, en termes clairs, ce qui s'est dit dans une enceinte judiciaire. Devant vous, devant le barreau, devant le peuple, devant le crucifix, à côté des cachots de la Conciergerie, à deux pas de la Grève; on a loué la mauvaise foi et tourné la bonne foi en raillerie. A quelle époque désastreuse, en quel malheureux pays a-t-on rien vu de pareil avant l'avènement de votre maître? Vous êtes savants; apprenez-le moi. Naguère, la cour eût censuré et interdit l'avocat immoral, qui, pour justifier un criminel n'eût pas rougi d'entreprendre la justification du crime. Heureux effet de la loi sur la limitation d'âge! La cour a écouté, sans l'interrompre, M. le procureur général!

Considérez, messieurs, où l'on vous mène. Que la magistrature assiste, impassible et muette, aux attentats que nous voyons, ce n'est plus assez au gré de vos maîtres. Nous pouvons croire que la magistrature est opprimée et que sa chaîne lui pèse. Elle n'est plus une garantie; elle est encore une espérance. C'est pourquoi l'on ne souffrira pas que vous gardiez plus longtemps, même sous la toge, même dans le sanctuaire de la justice, le culte silencieux du droit, et de ses principes éternels. De toutes parts les officiers du ministère public vont les battre en brèche. Bonaparte leur a confié et ils ont accepté cette mission. Il les a mis sur leurs siéges, non pour proclamer ces principes mais pour y contredire. Il le faut, messieurs. Il y va de l'empire. Il faut que l'organe de la loi se fasse le contempteur des lois, et que le juge rie des fondements de la justice. Les procureurs-généraux et leurs substituts laisseront au barreau le soin futile de défendre la société; eux, ils ont à défendre des conspirateurs. M. Berryer parlera en magistrat, et M. Rouland comme un rhéteur véreux qui défend un coupable. Il n'est pas un vice, pas un crime, bafoué et maudit dans la rue, qui n'aille bientôt au prétoire vous demander une apologie. Bagnes, tressaillez d'aise! On dit que Bonaparte a pris le bien d'autrui, et voici, en plein tribunal, une voix qui s'élève en faveur de la rapine. On dit qu'il a tué les passants, au mépris de toutes les lois, et voici, en plein tribunal, une voix qui s'élève en faveur de l'assassinat. Courage, messieurs les juges; il le faut. Il le faut, vous dis-je. Il n'y a pas d'autre moyen de faire vivre le régime actuel; pas d'autre moyen de le défendre. La magistrature n'était plus une garantie; elle deviendra un péril. Vous exciterez les passions, vous qui devez les réprimer; vous soufflerez le feu, vous qui devez l'éteindre; vous armerez le crime, vous qui êtes chargés de le punir. O honte! vous corromprez les fils, pendant qu'on opprime les pères. Tant pis pour nous! tant pis pour nos enfants! Cela perd la France, mais cela sert le bandit qui s'est fait décerner le titre d'empereur.